I0396594

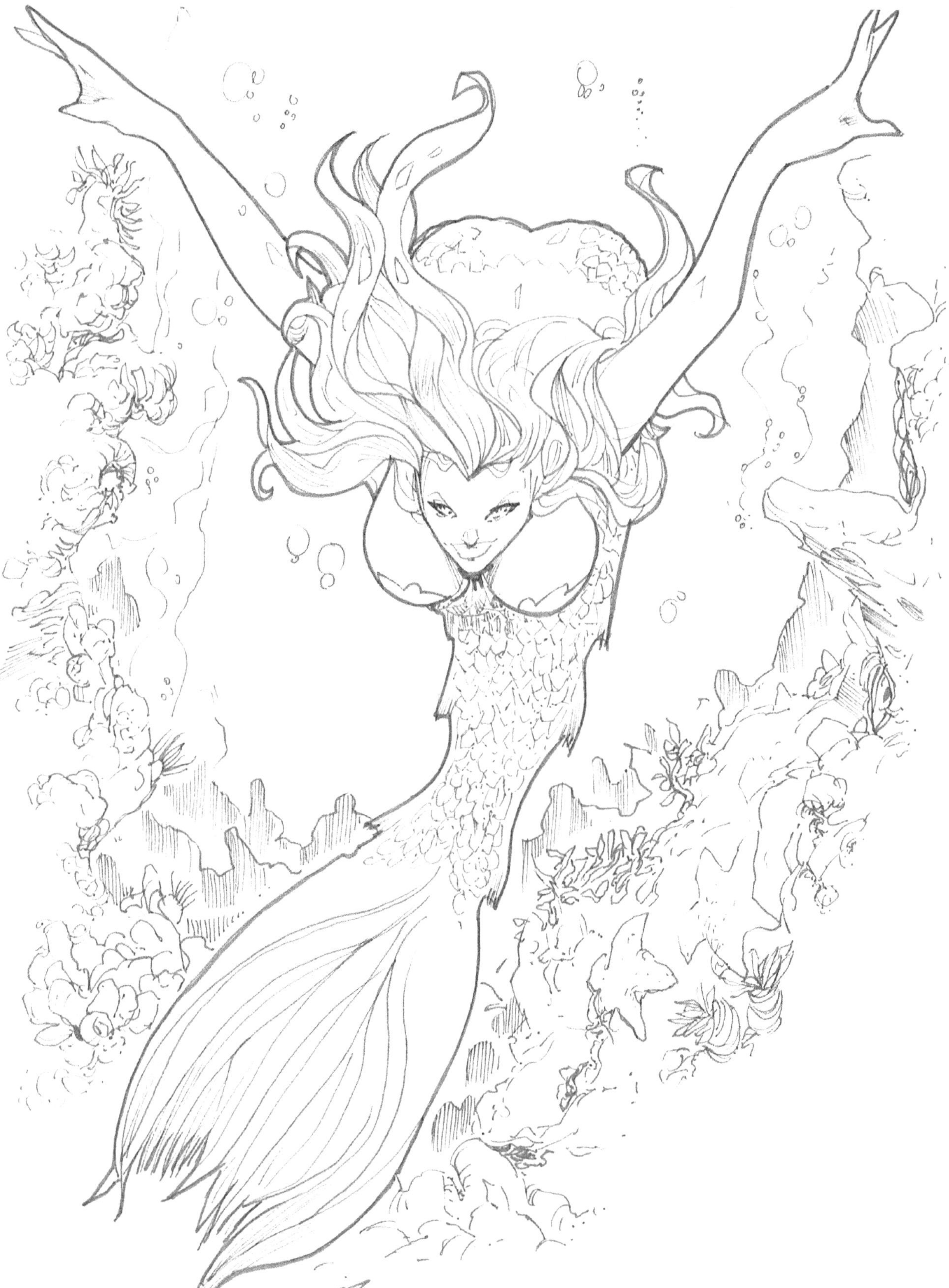

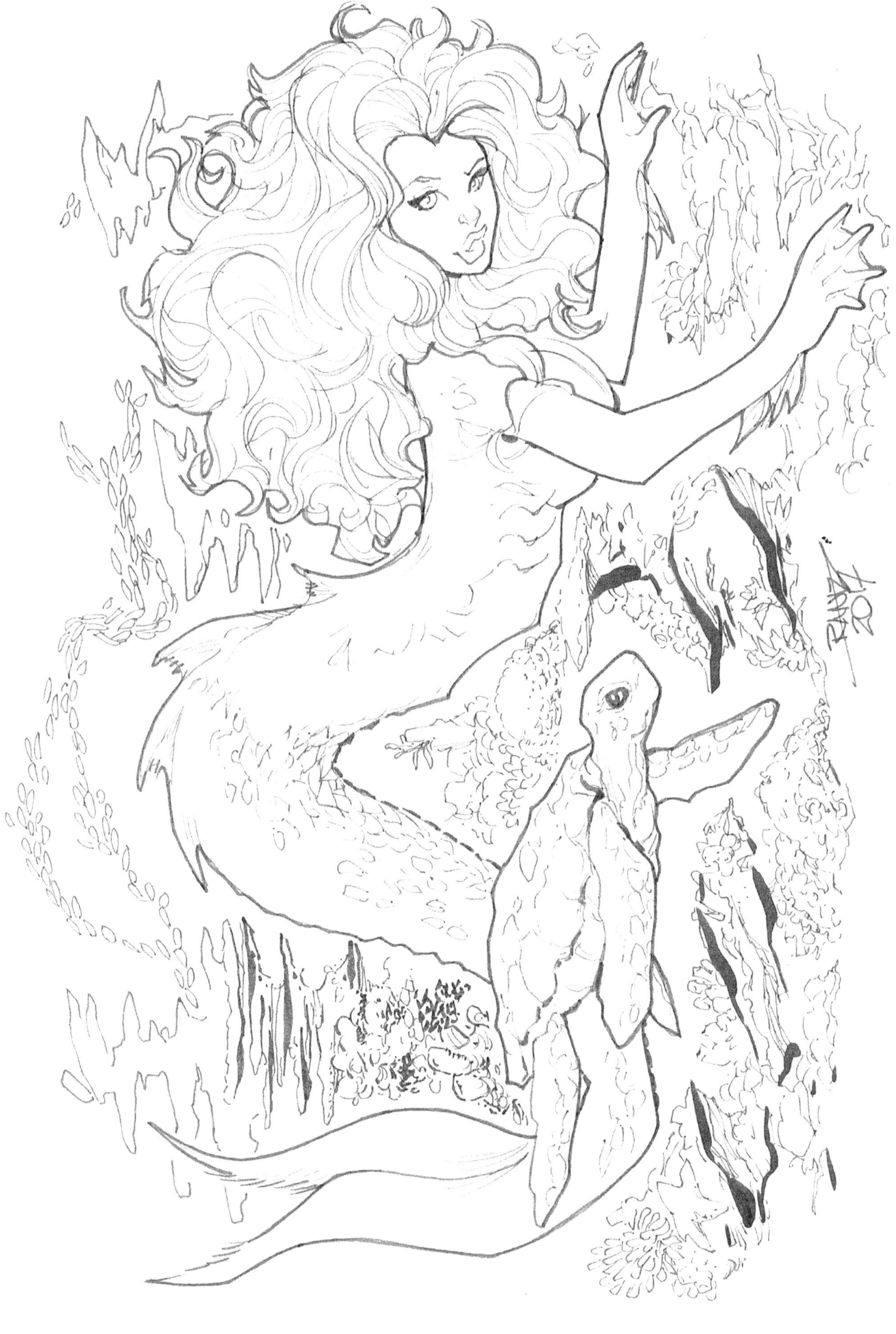

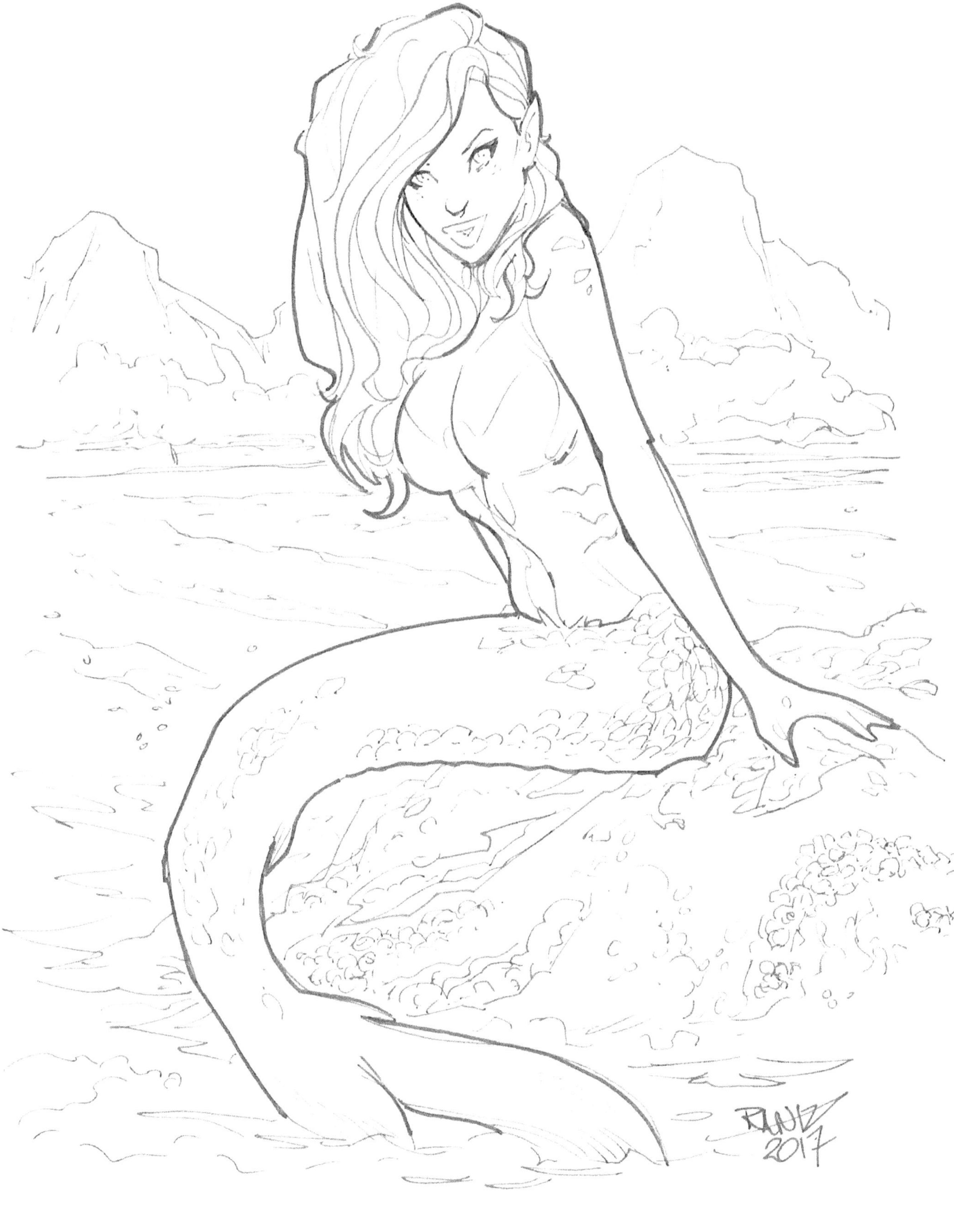
2017

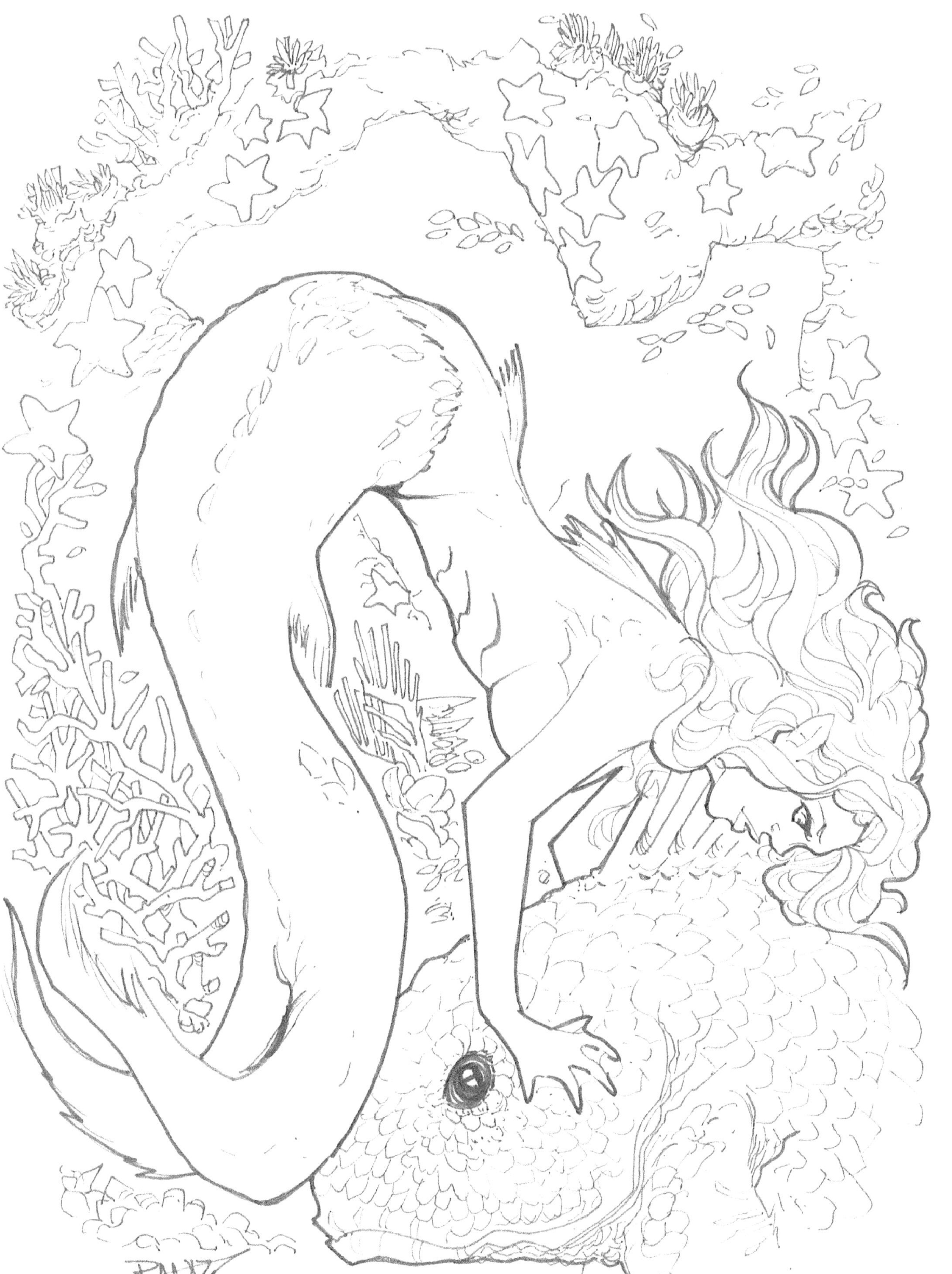

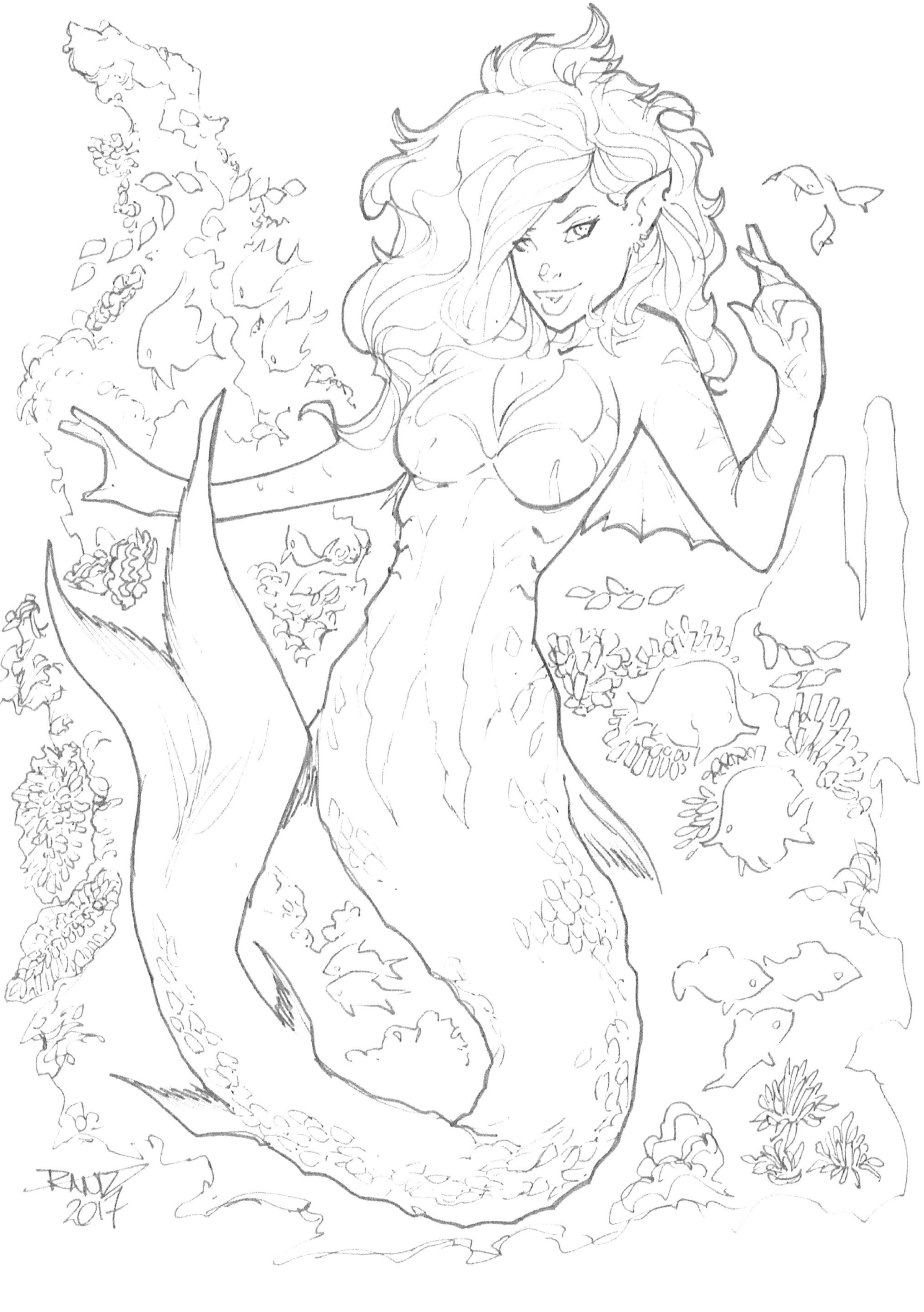
RANZ
2017

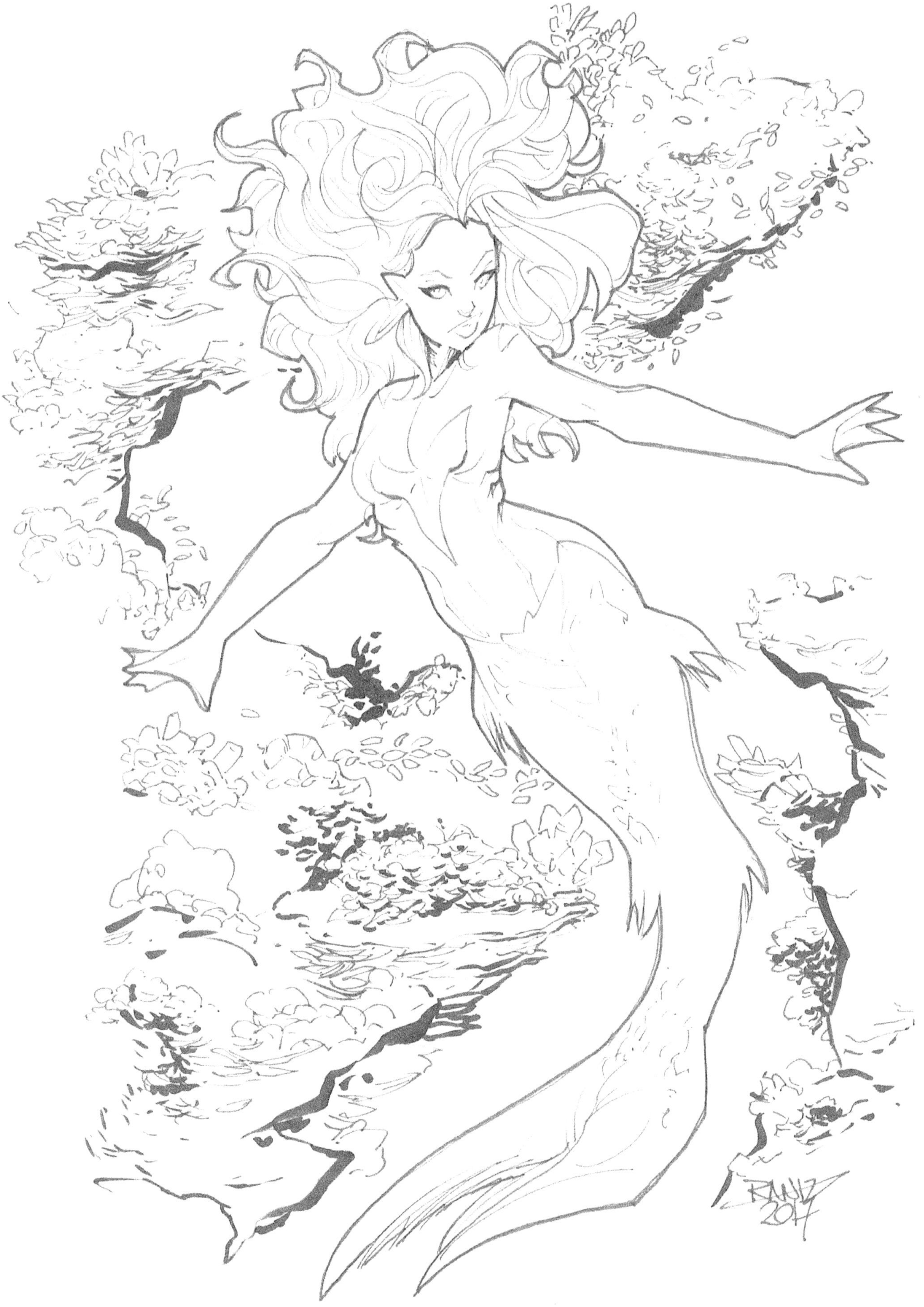

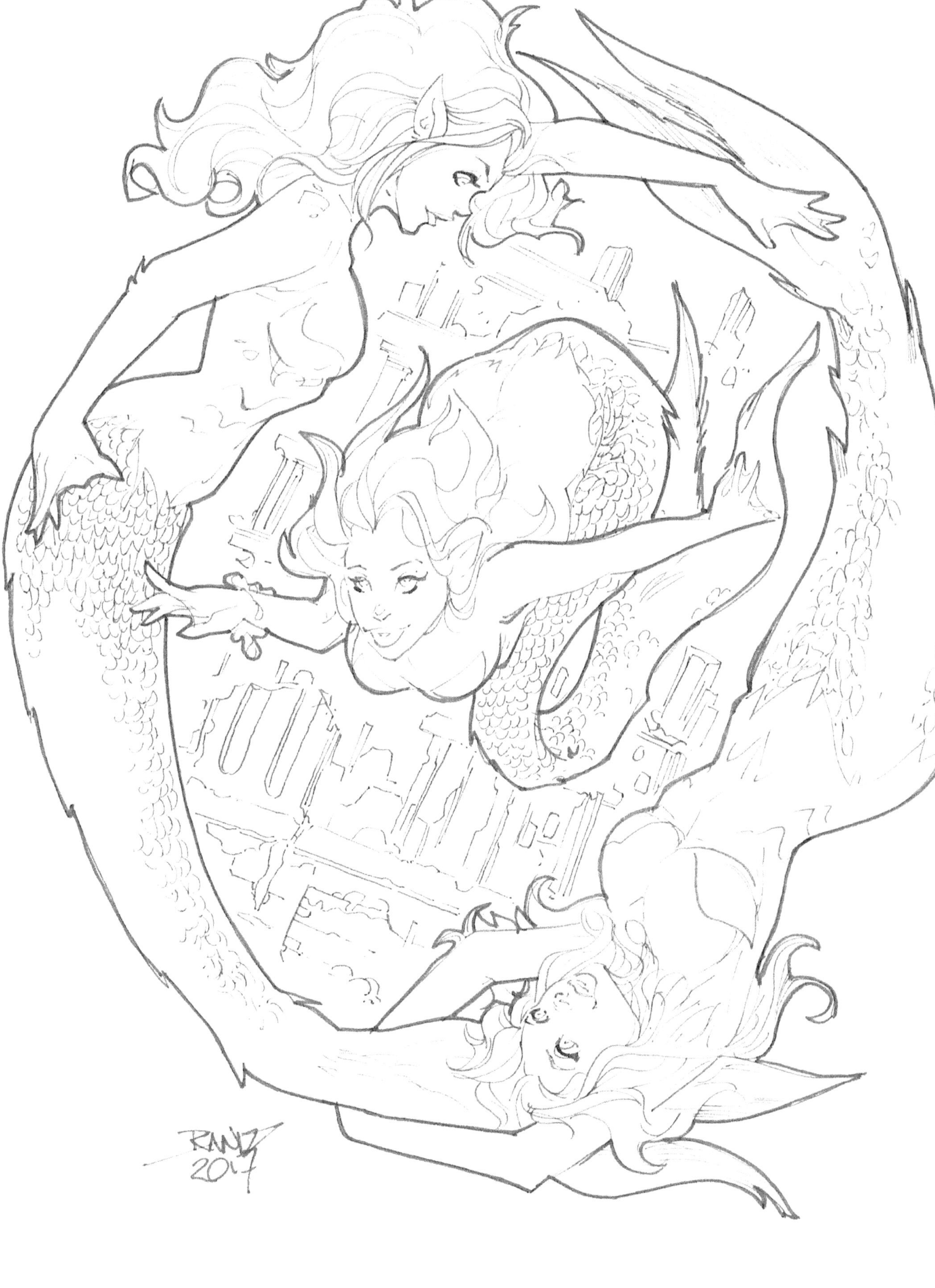
RANZ
2017

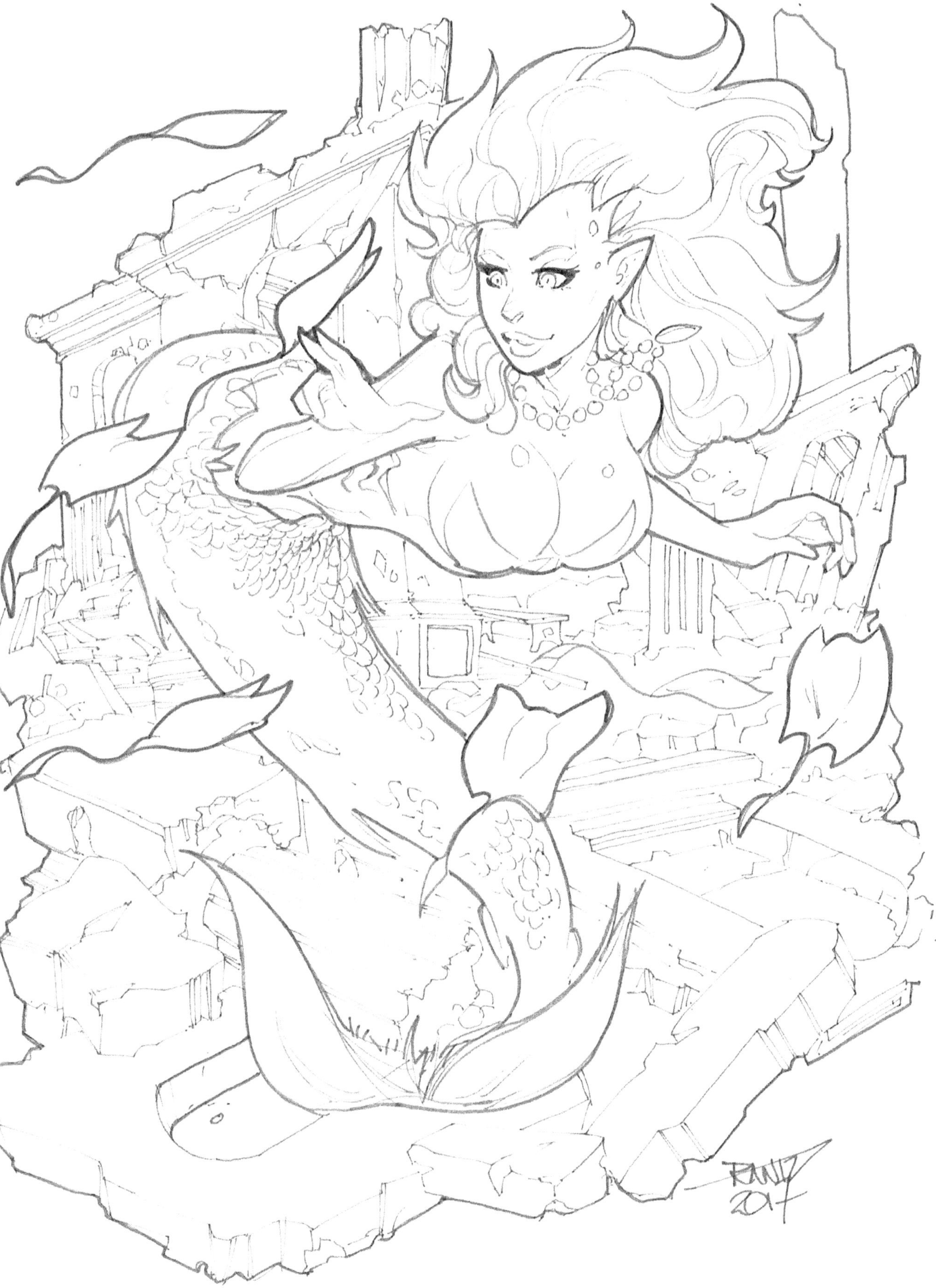

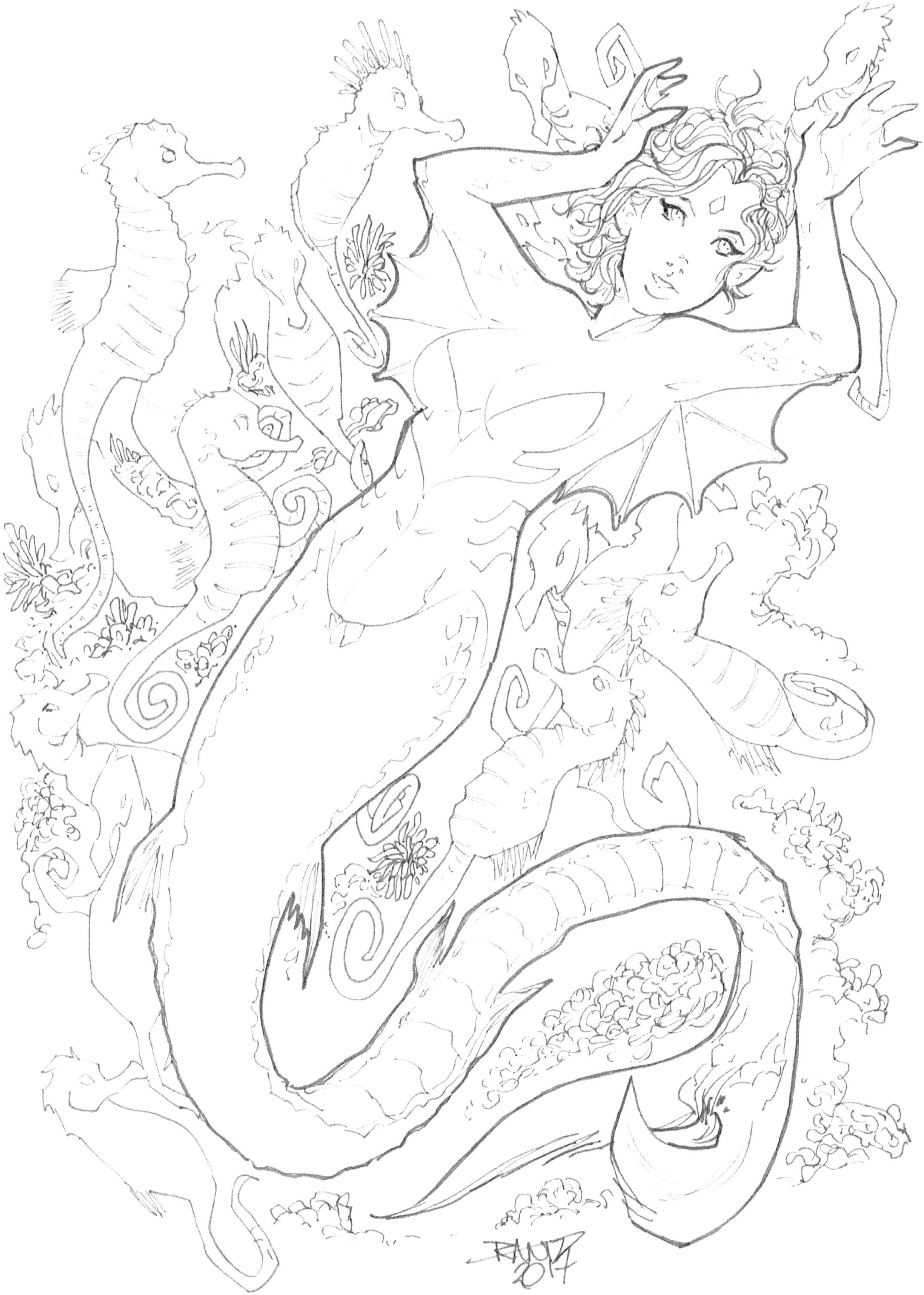

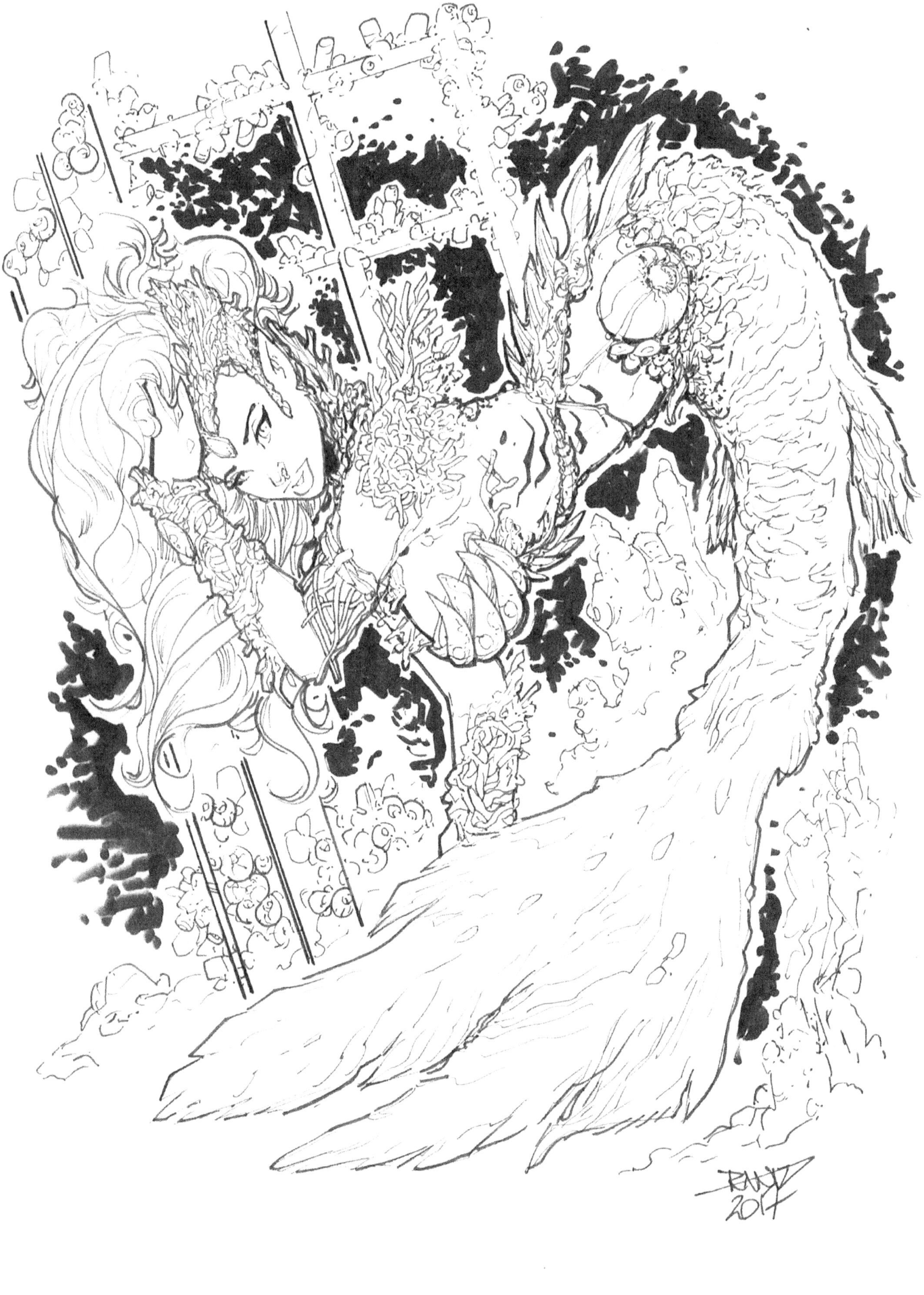

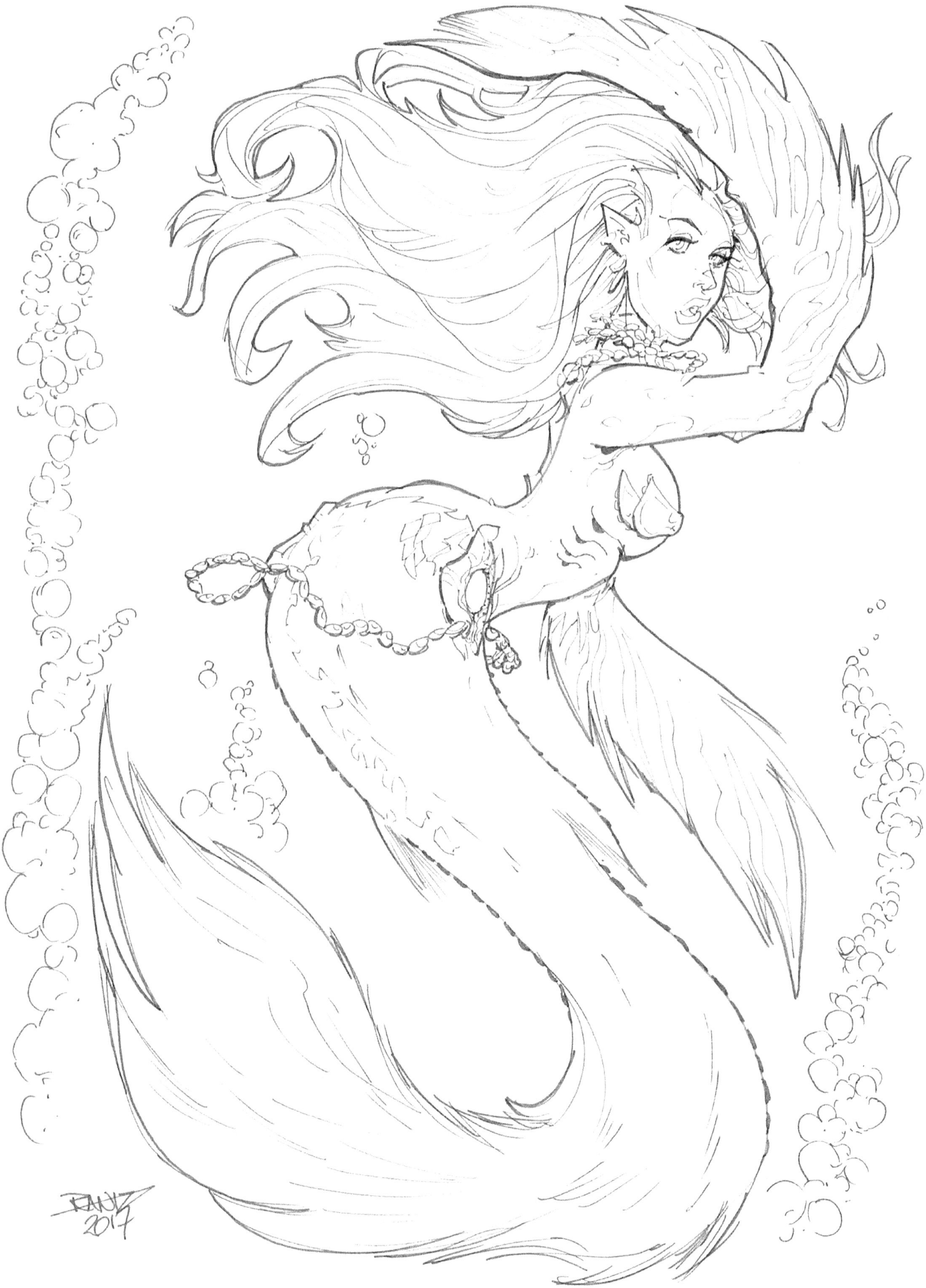

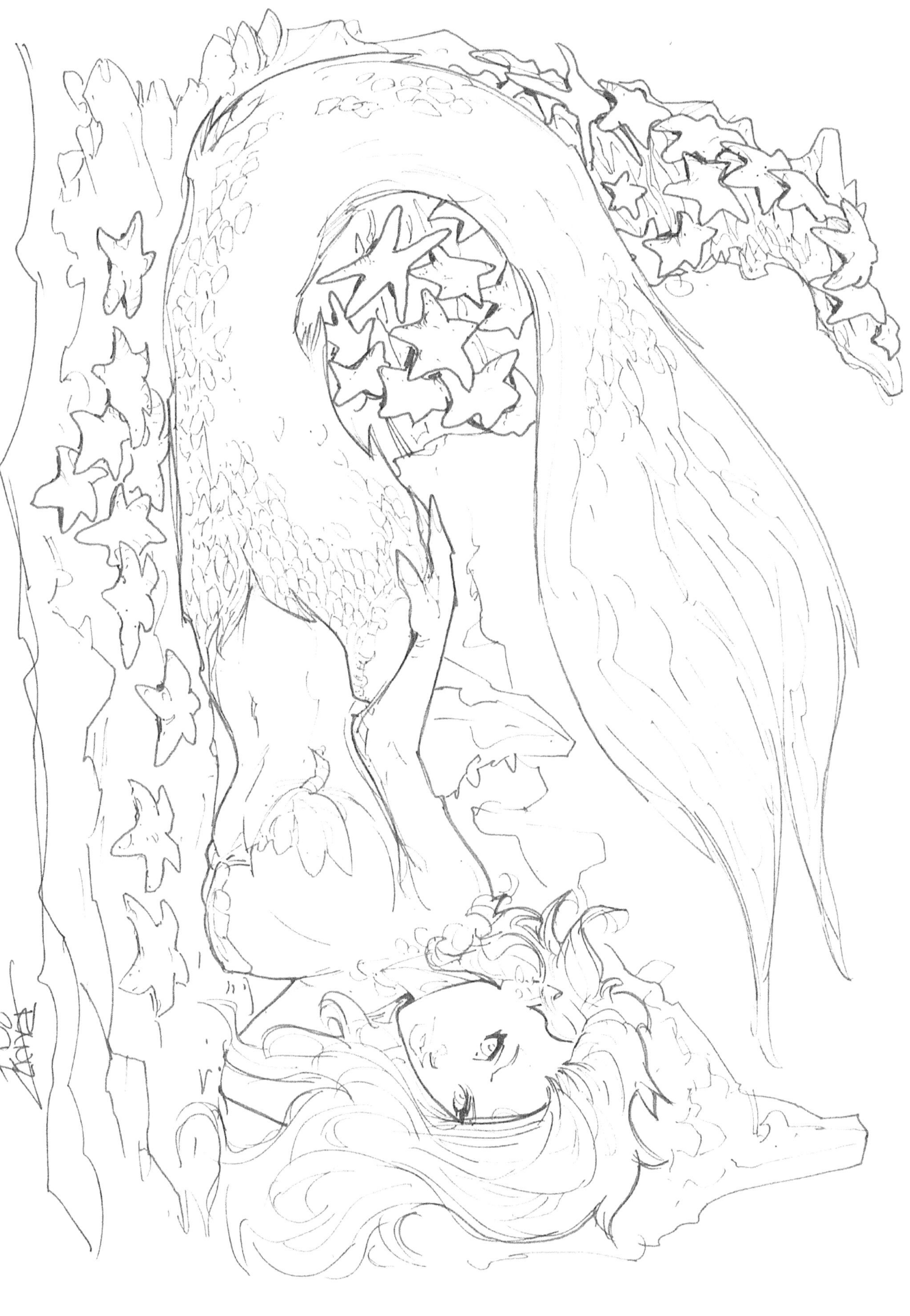

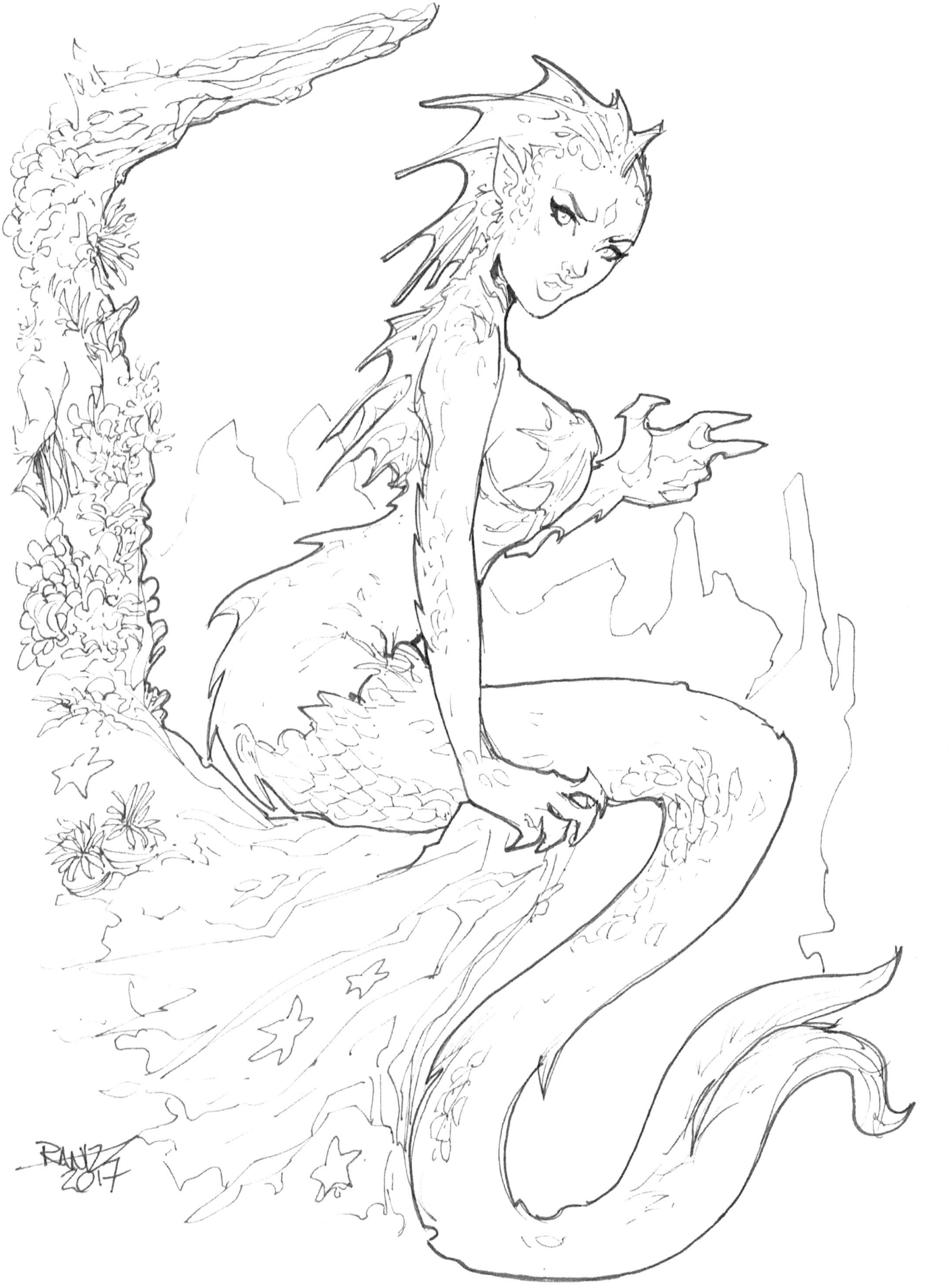
RANZ
2017

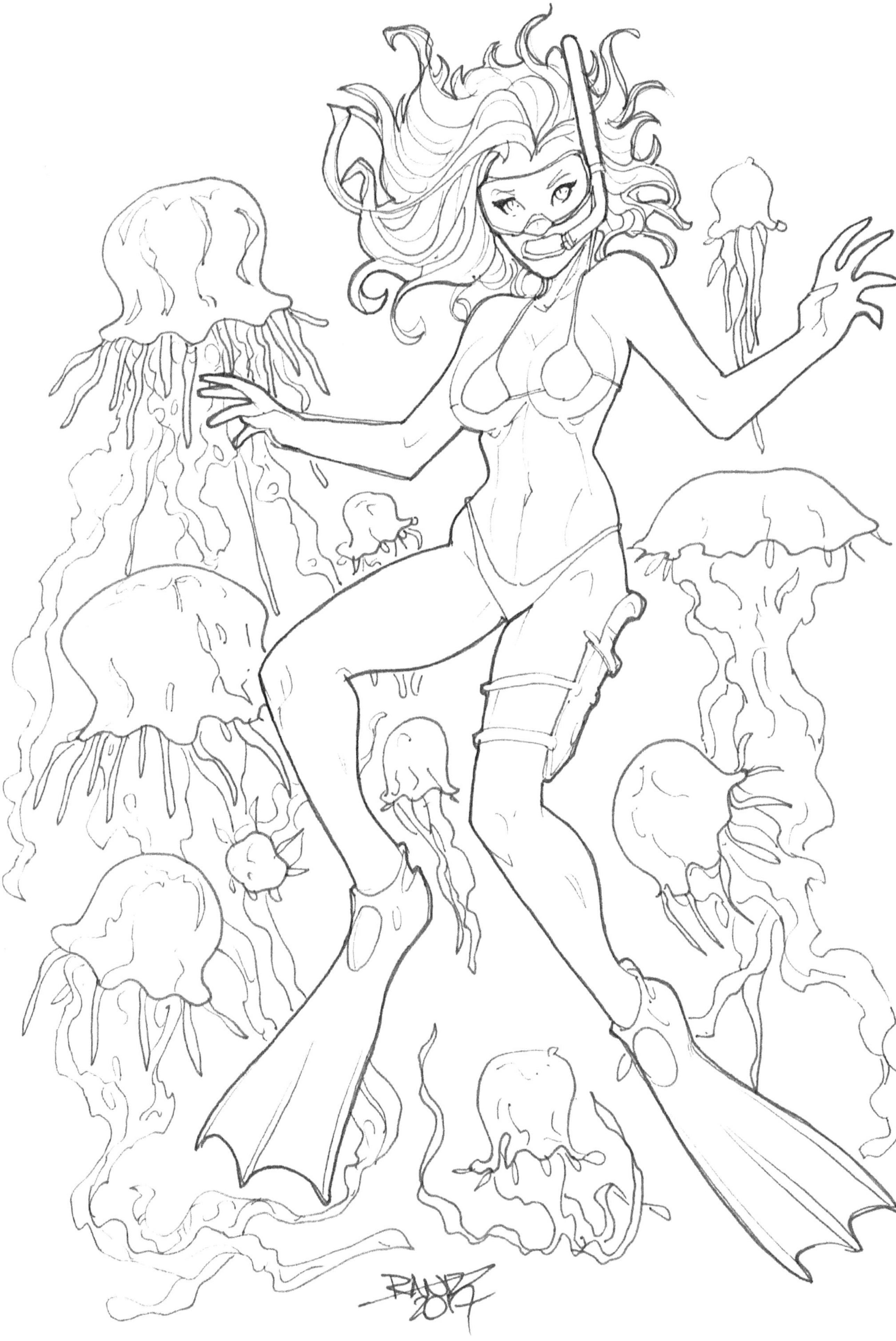
2017

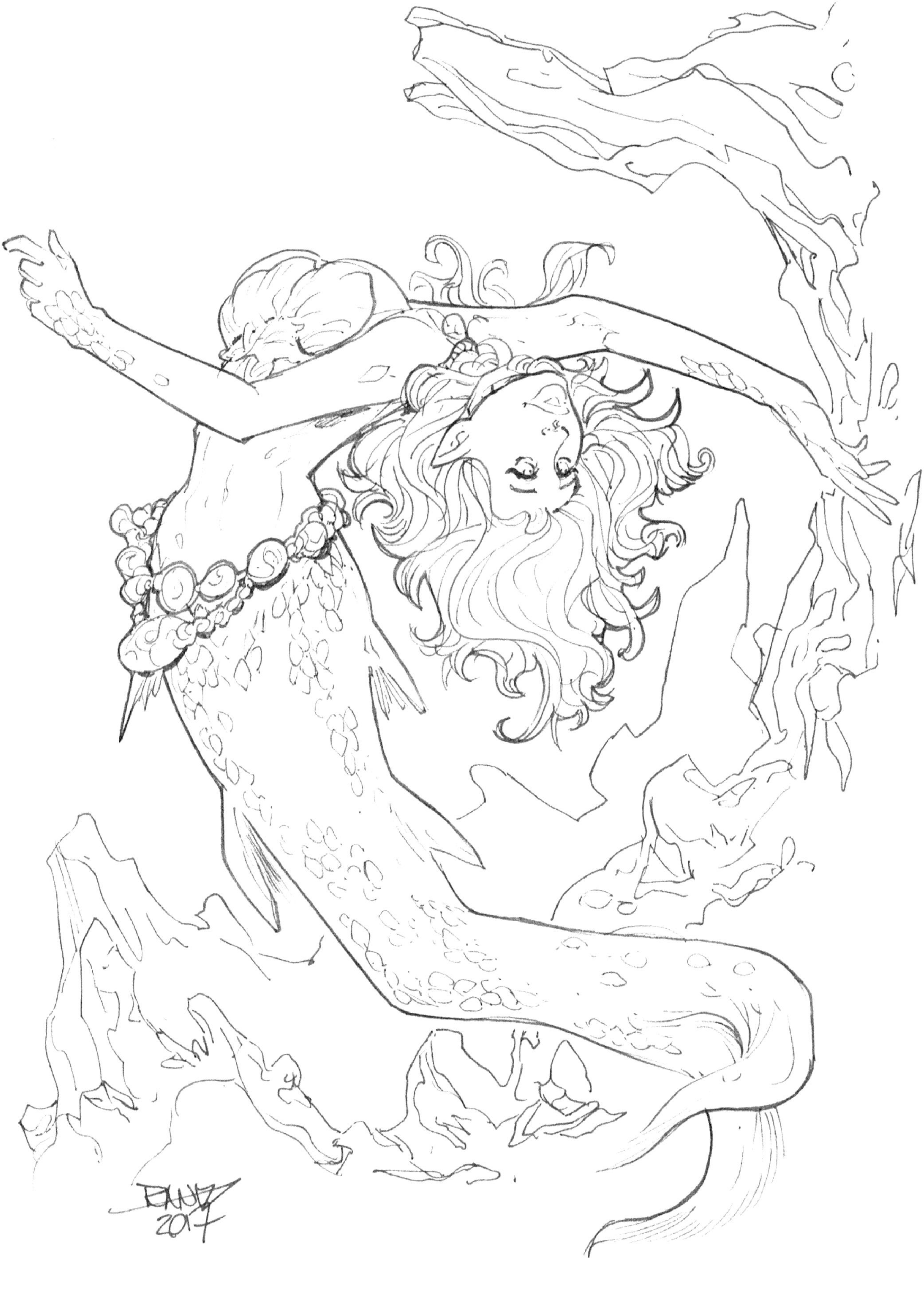
2017

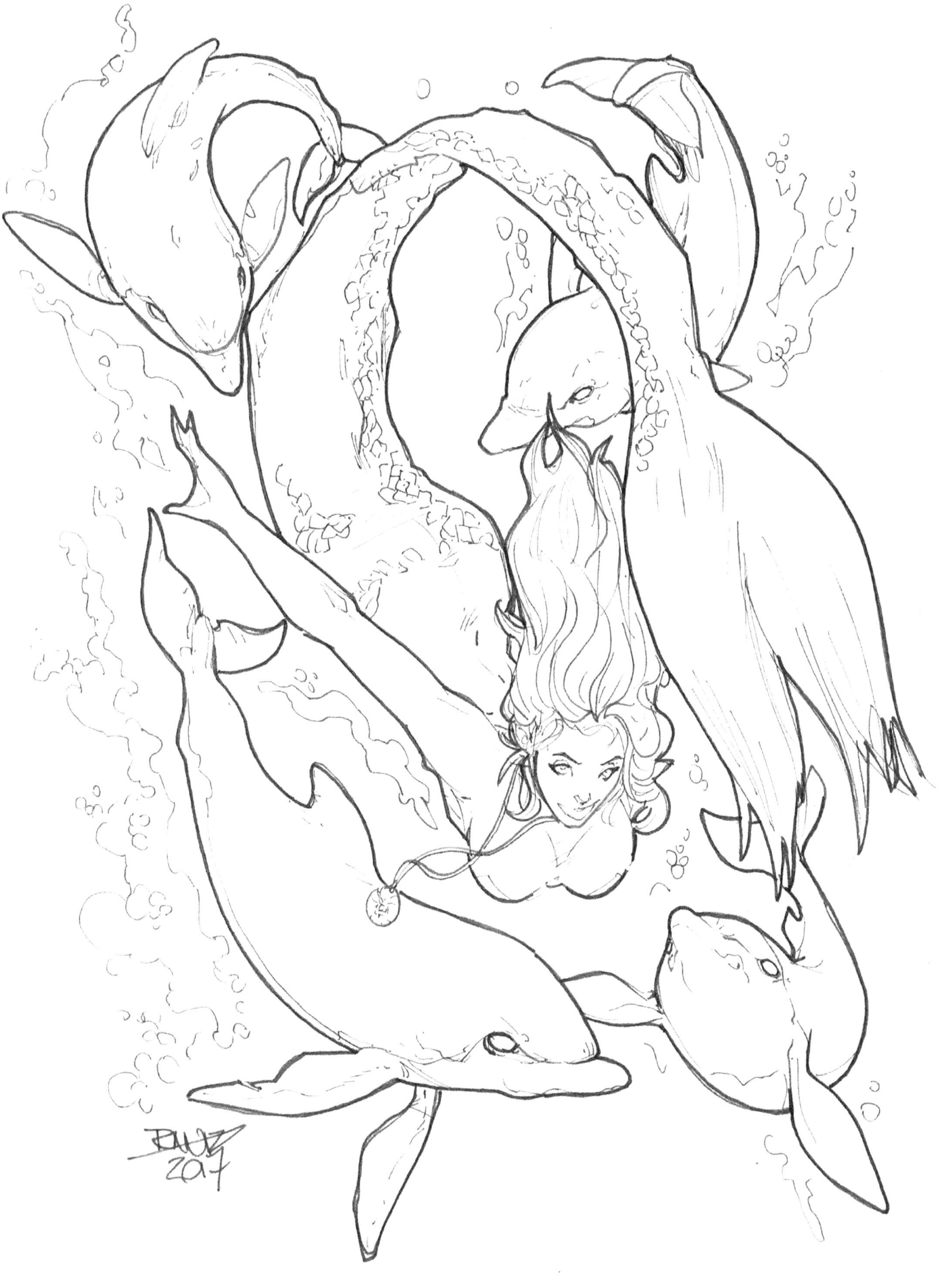

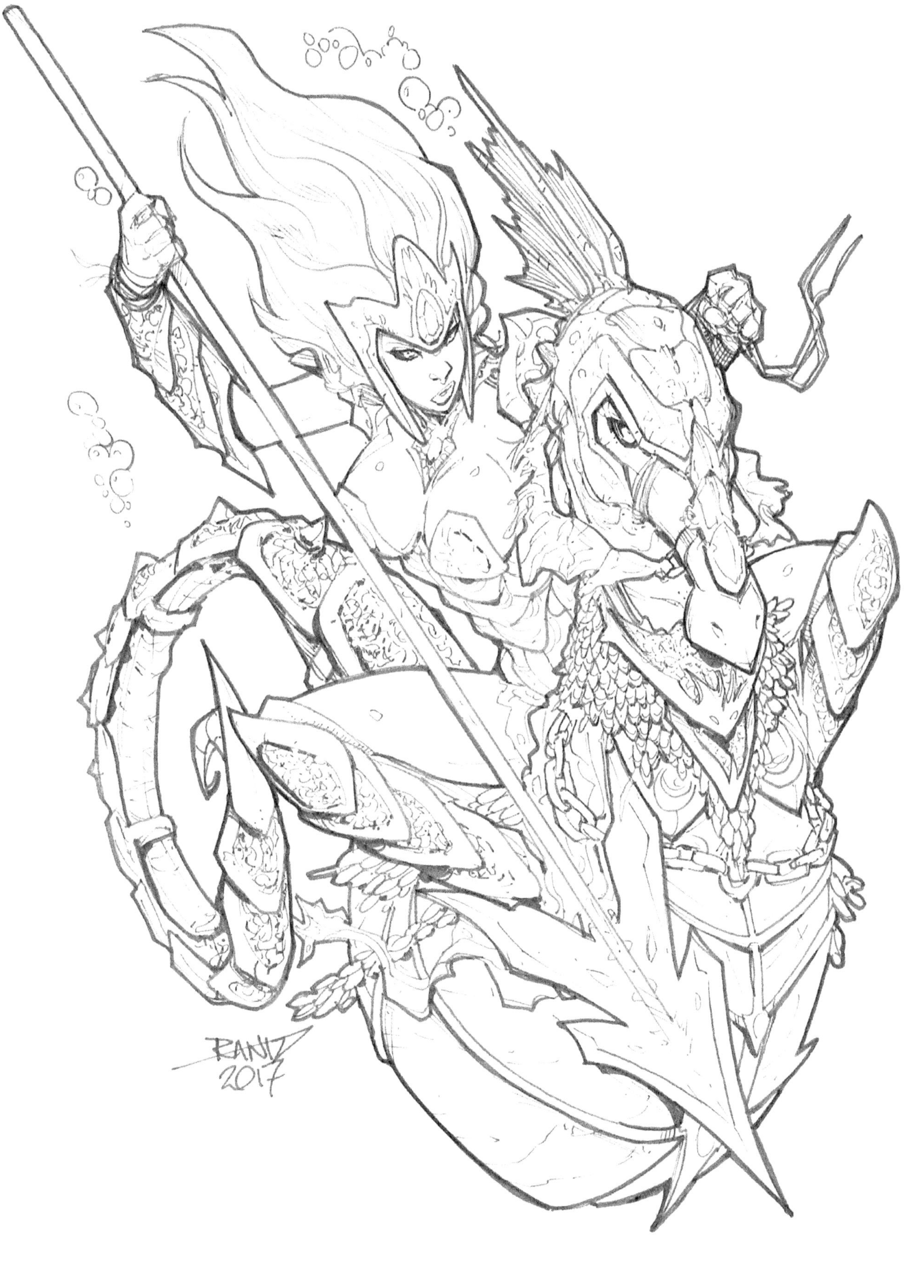

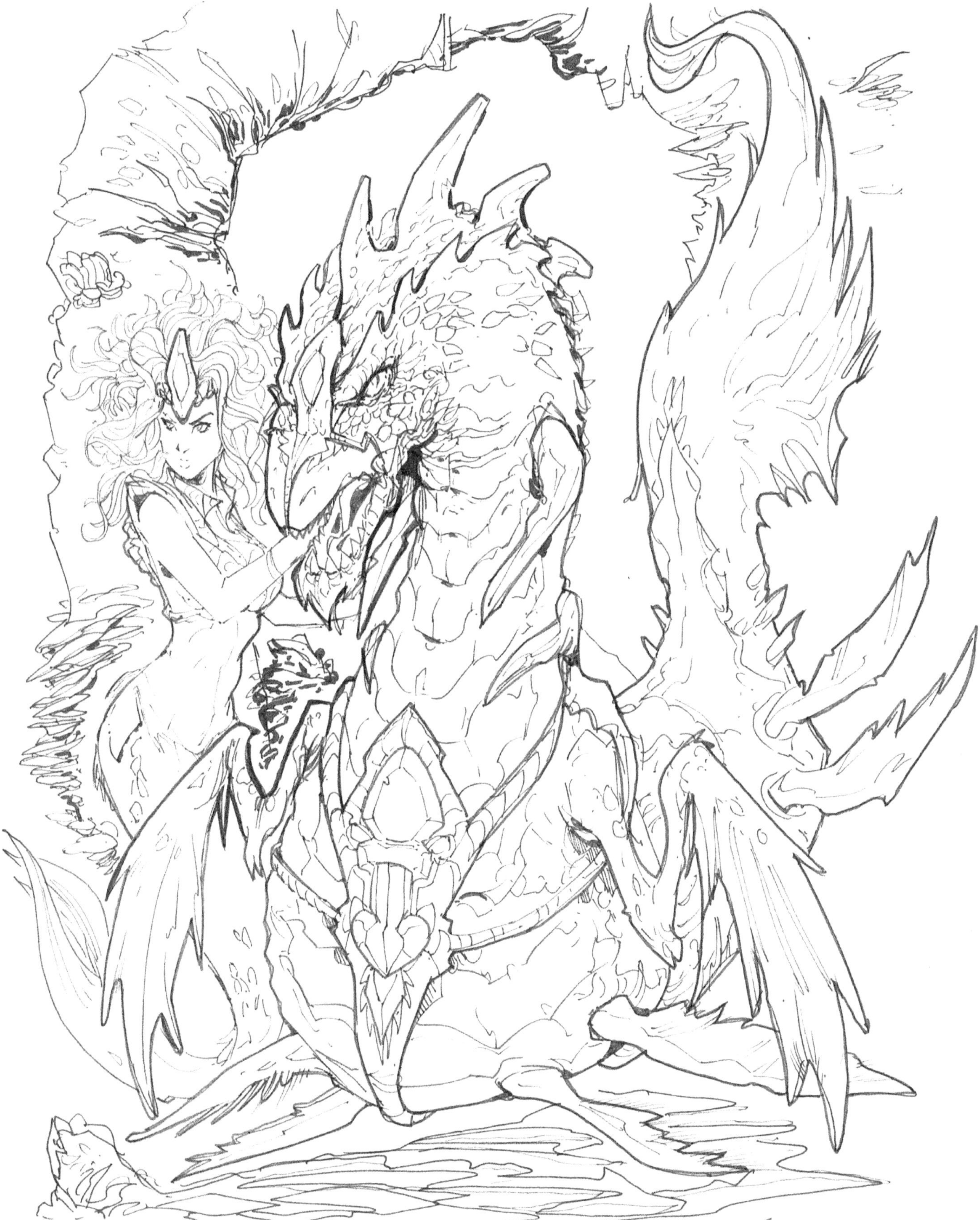

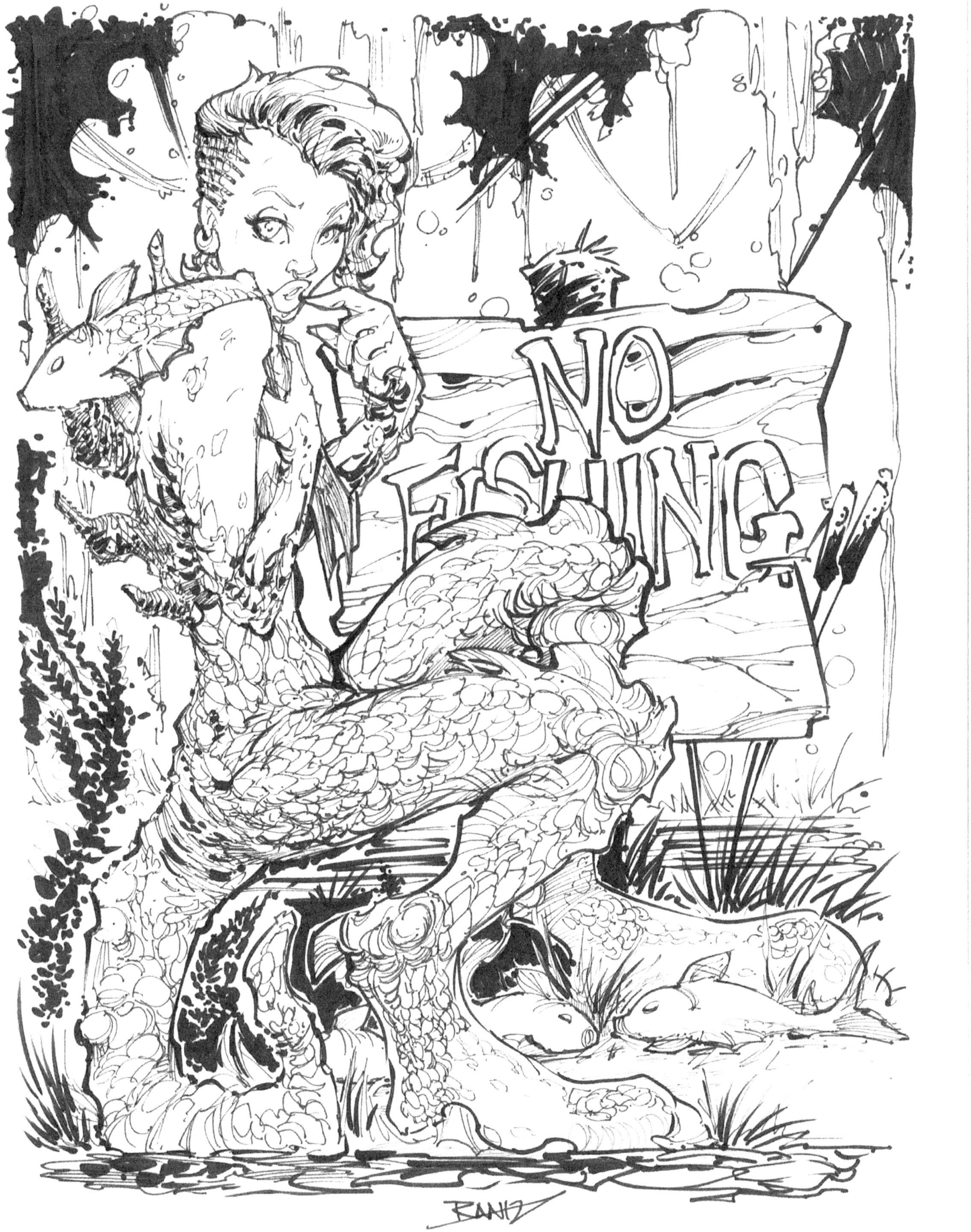
NO FISHING

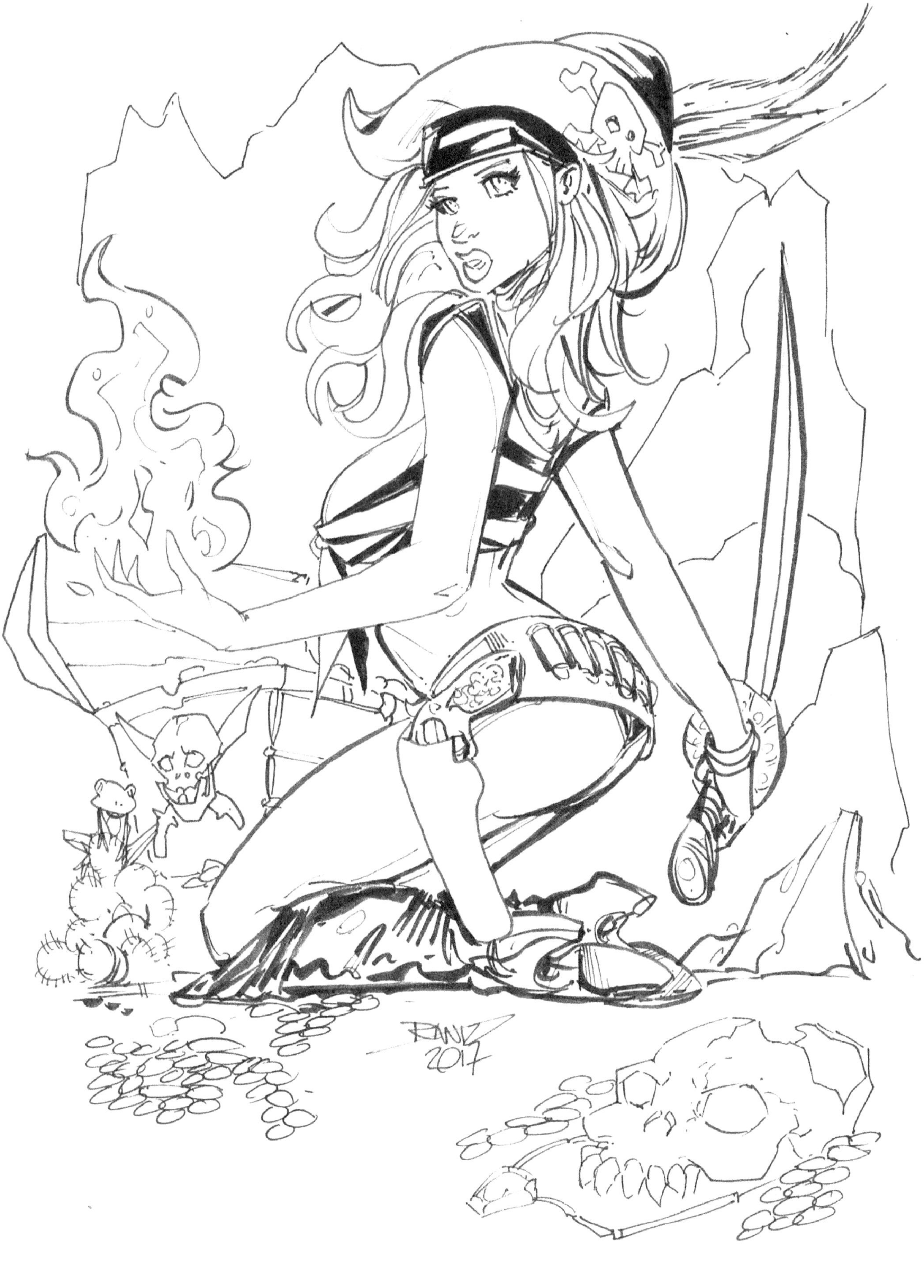
2017

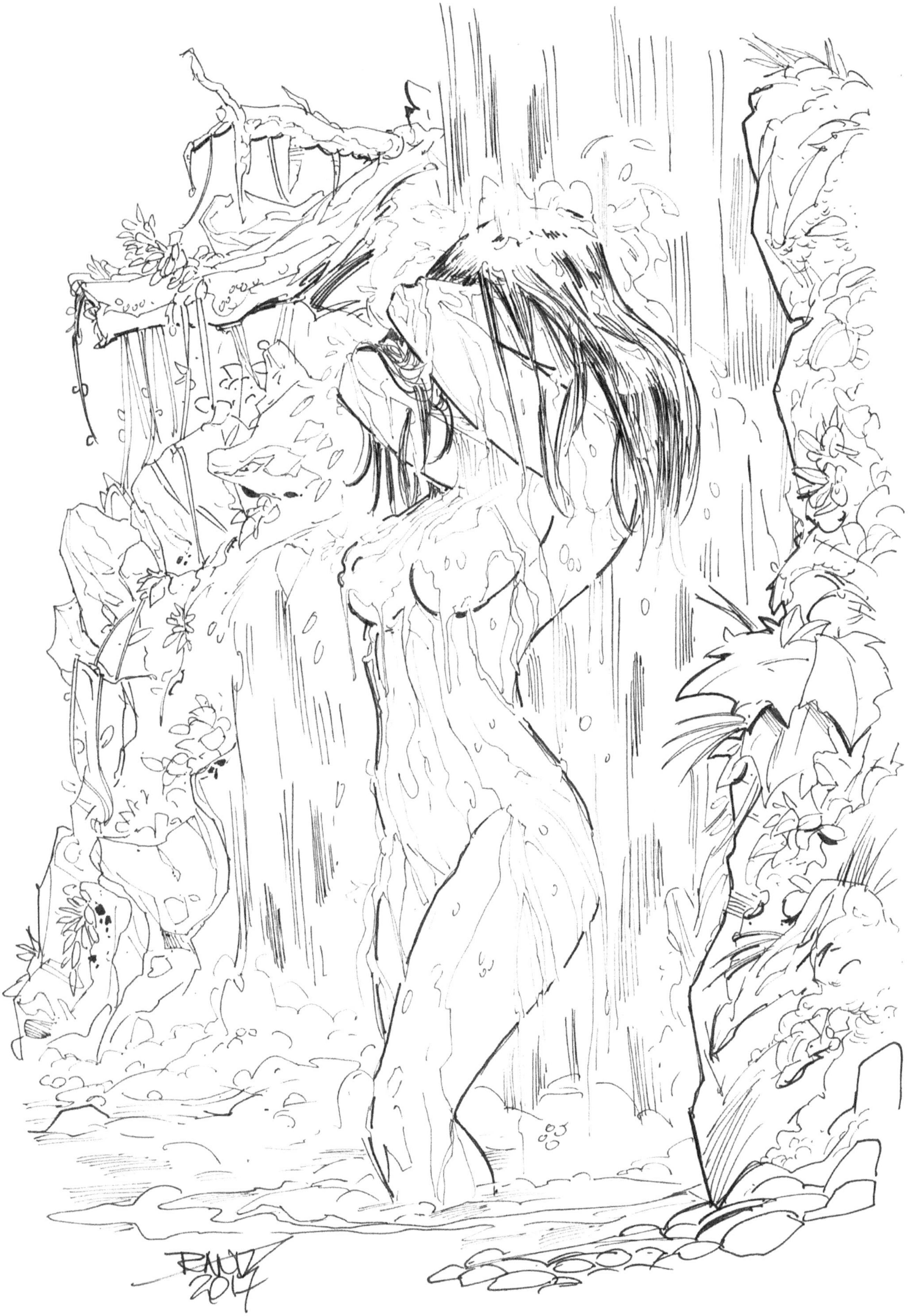
2014

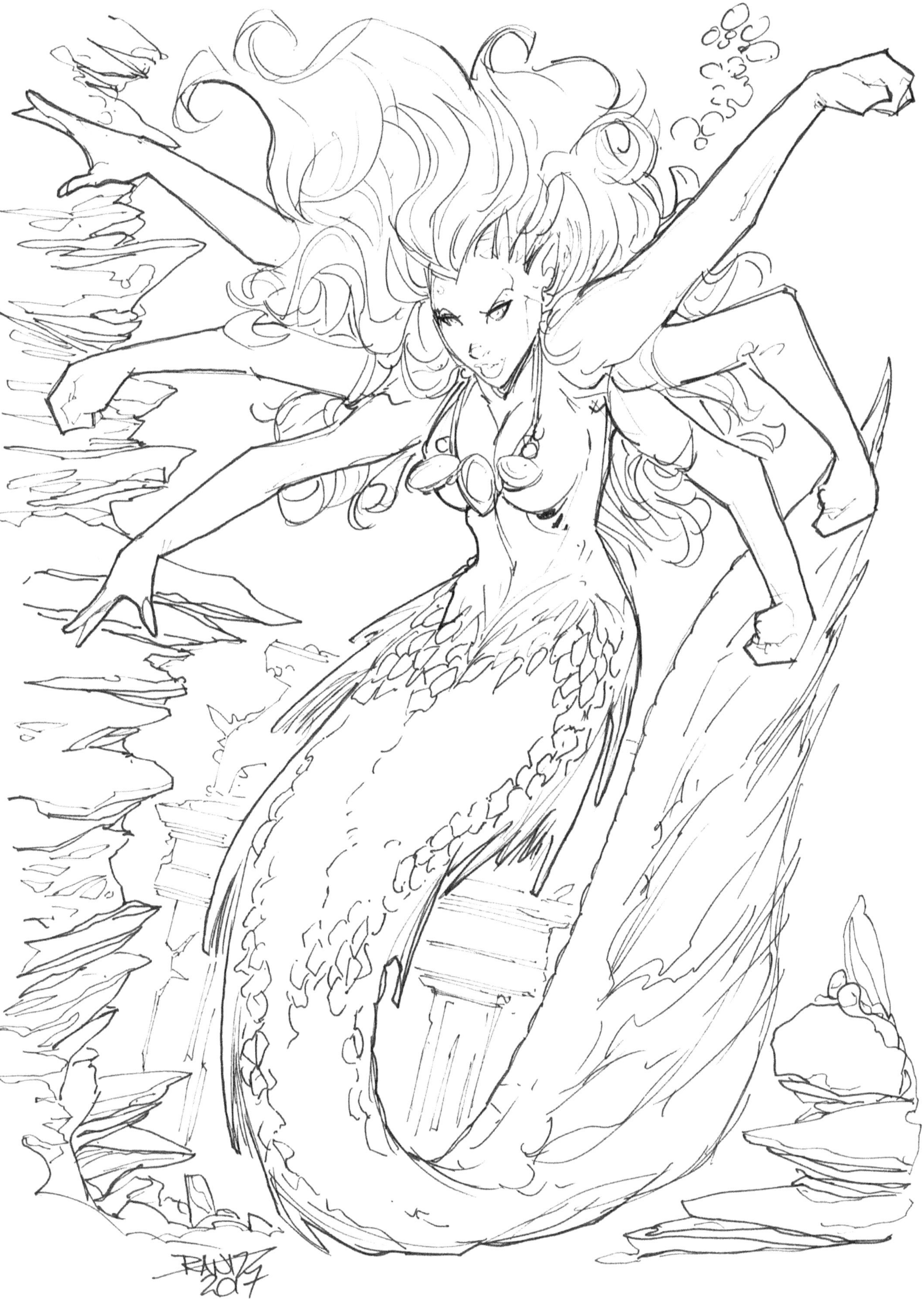

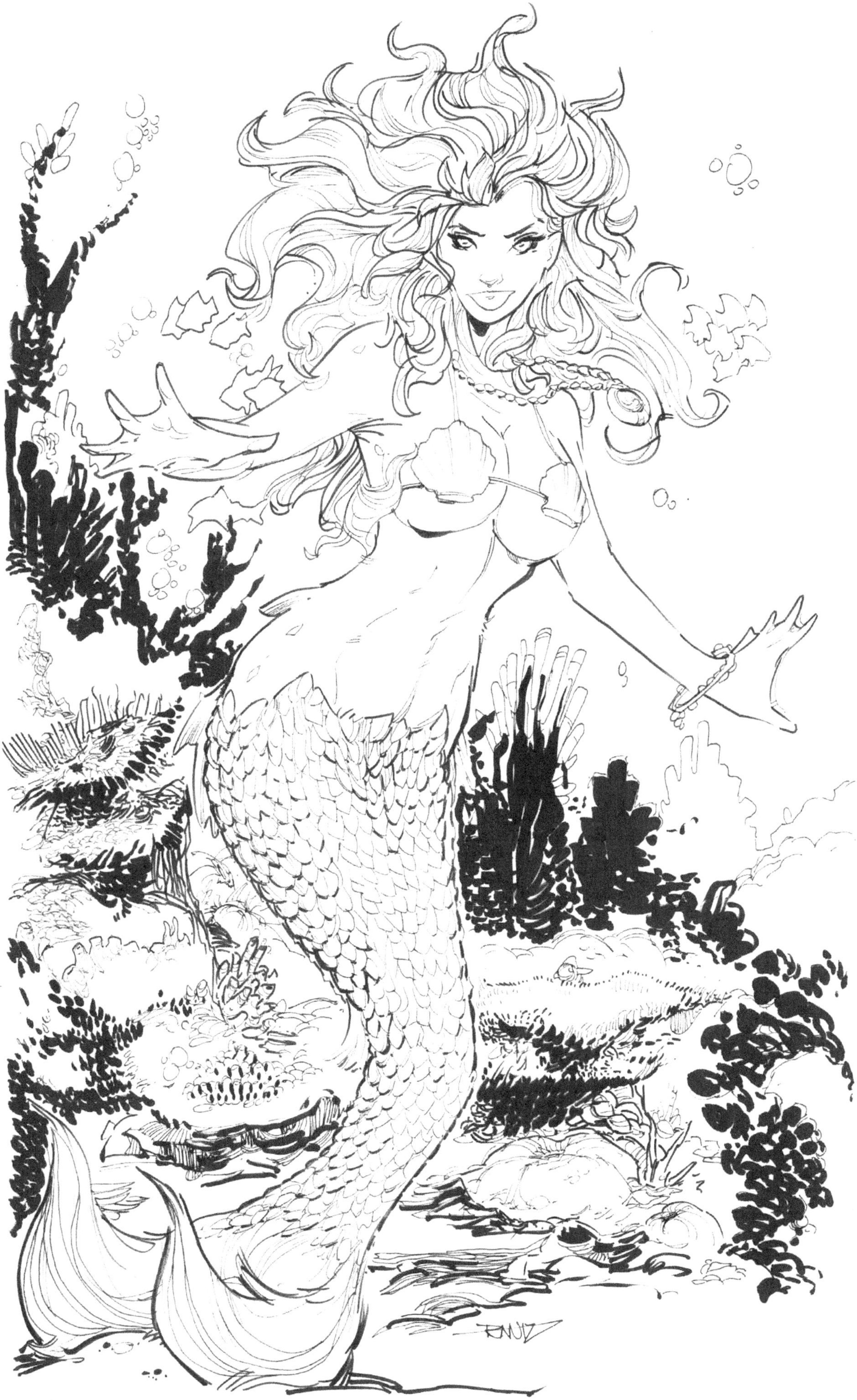

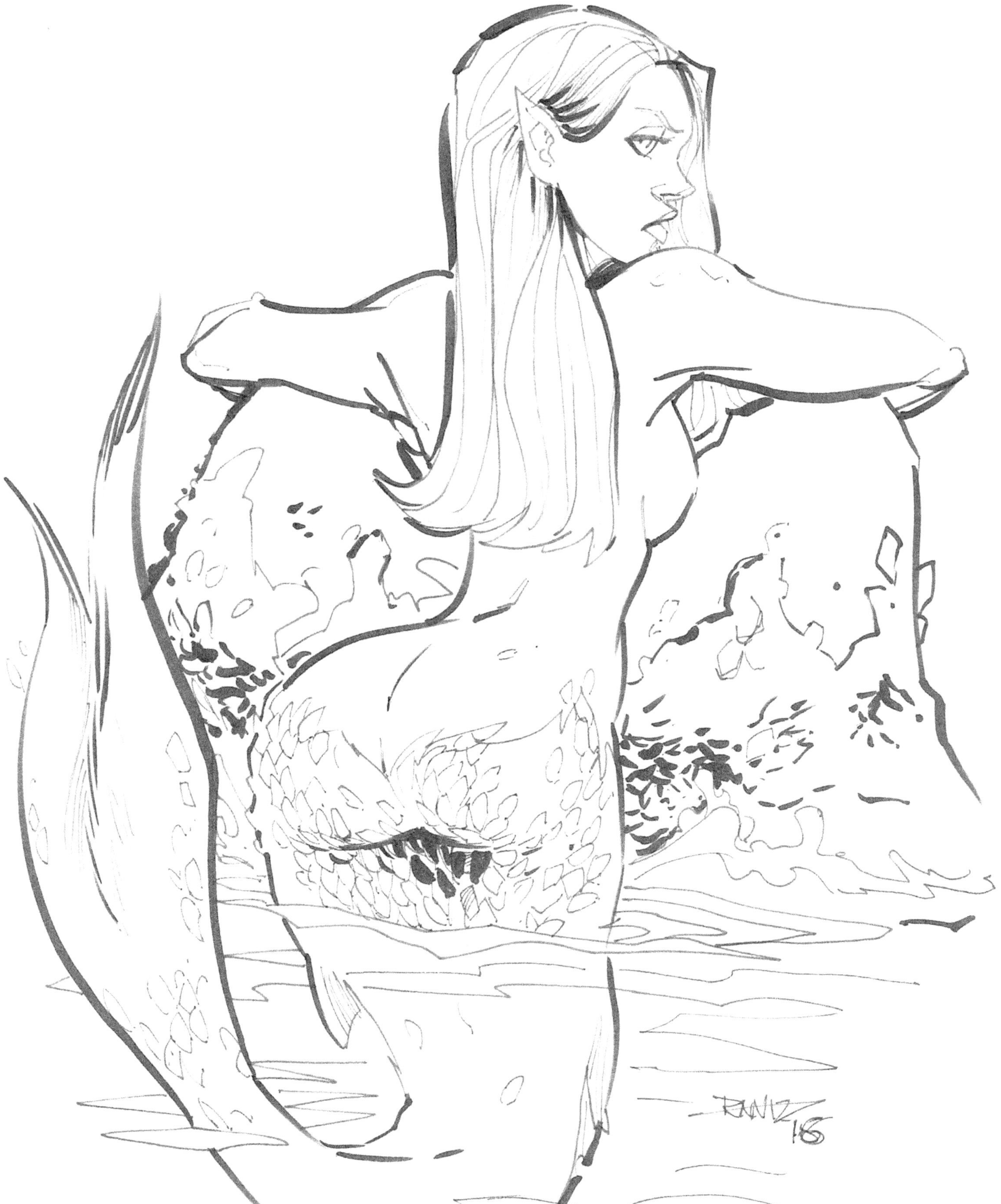

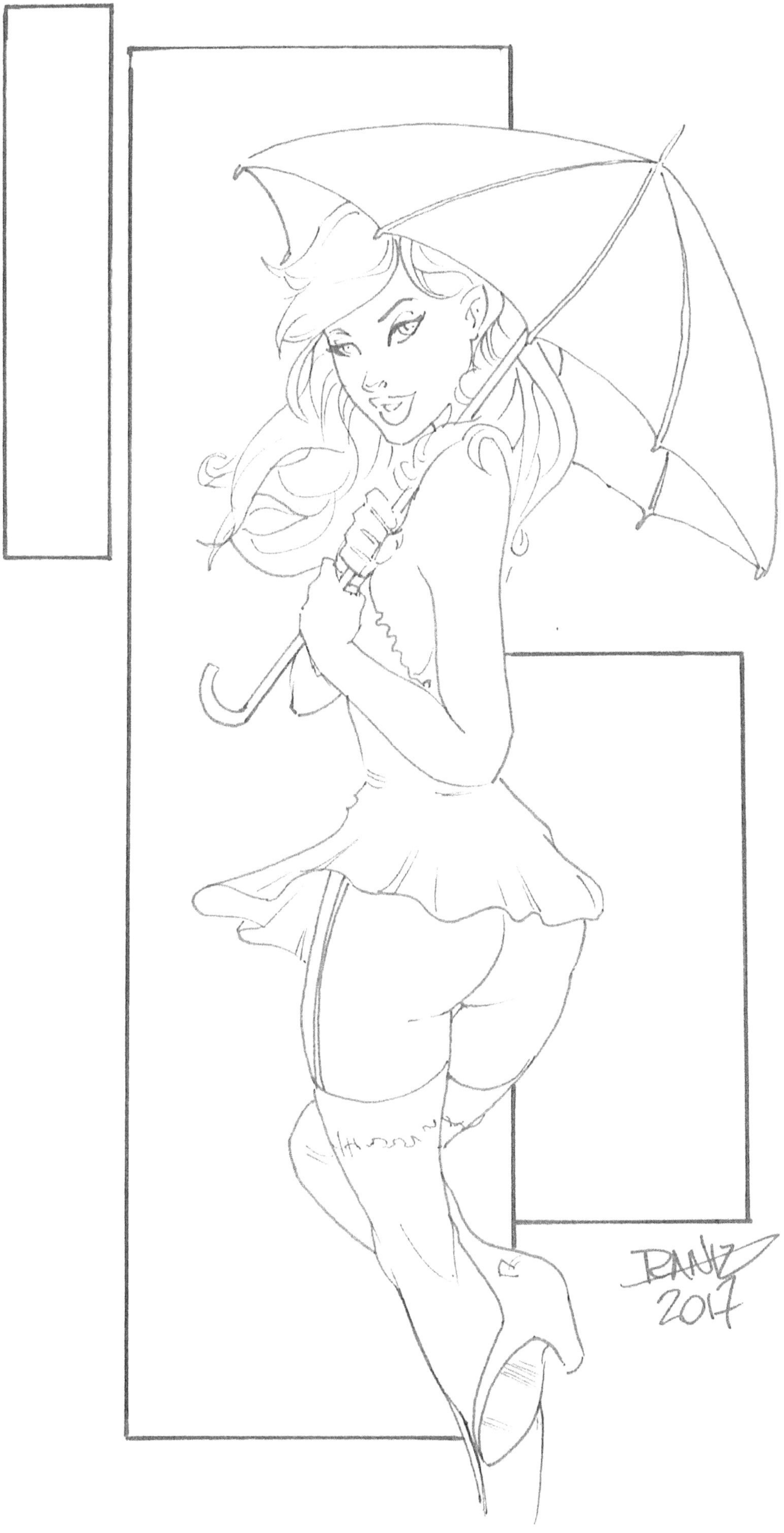
2017

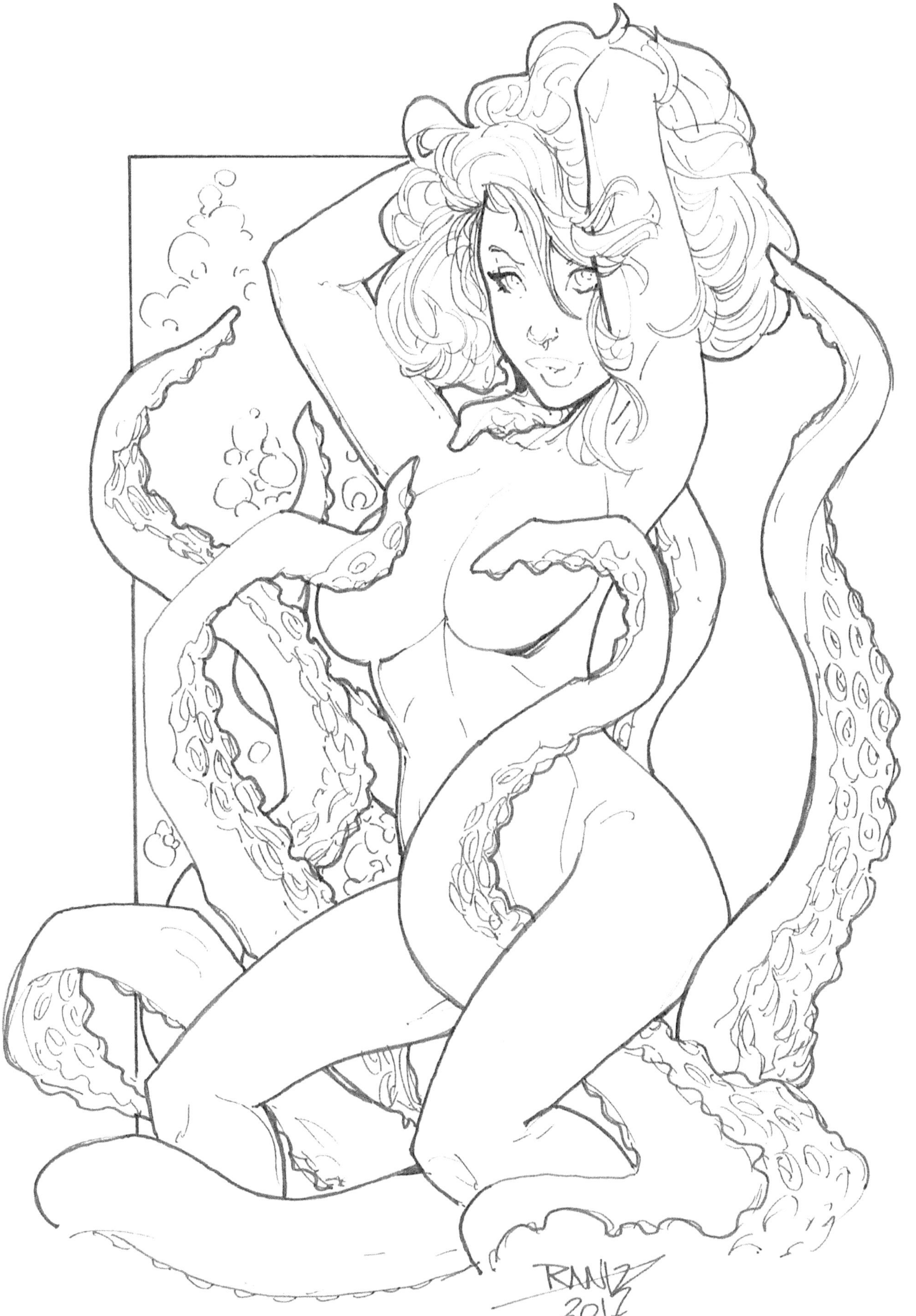
RANIZ
2017

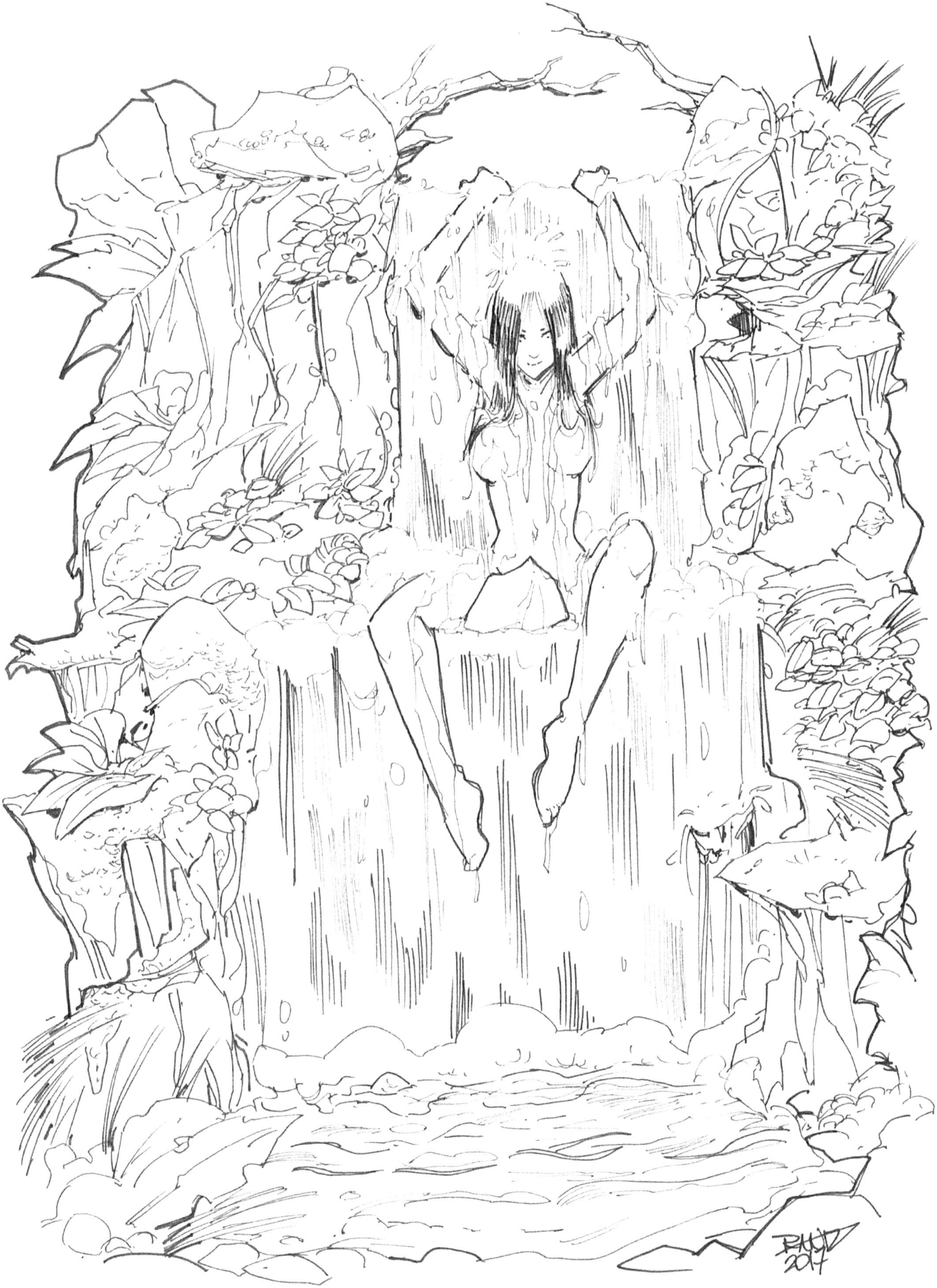

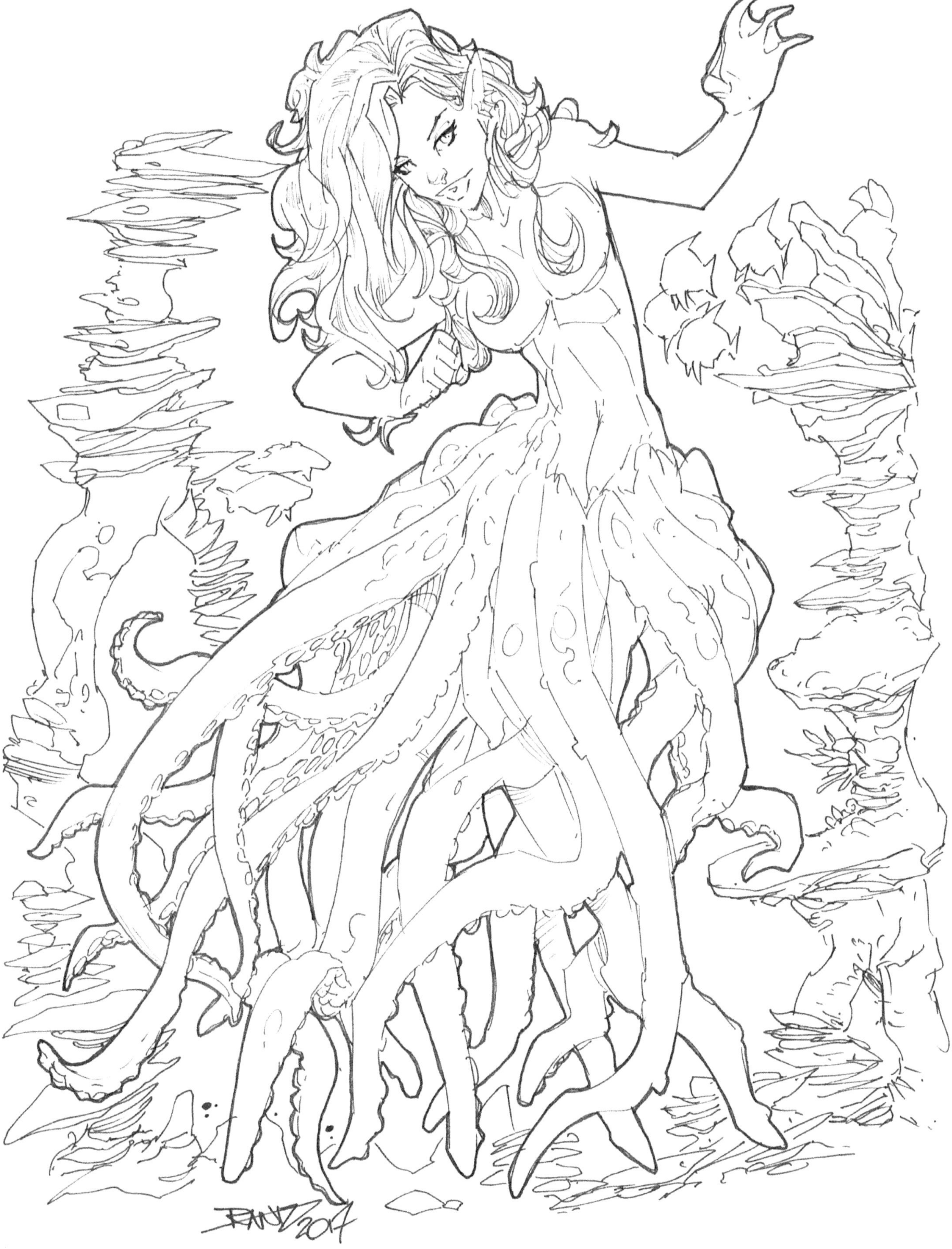

www.ingramcontent.com/pod-product-compliance
Lightning Source LLC
Chambersburg PA
CBHW081301180526
45170CB00007B/2516
* 9 7 8 1 5 4 5 3 4 3 2 9 6 *